CONSELHO EDITORIAL
Bianca Oliveira
João Peres
Leonardo Garzaro
Tadeu Breda

CAPA & PROJETO GRÁFICO
Lívia Takemura

DIREÇÃO DE ARTE
Bianca Oliveira

PREPARAÇÃO & EDIÇÃO
Tadeu Breda

REVISÃO
João Peres

No espelho do terror
Jihad e espetáculo

Gabriel Ferreira Zacarias

Sumário

7 Introdução

11 1. Capitalismo e abstratificação
19 2. Comunidade e identidade simbólica
27 3. Violência e *amok*
37 4. O espetáculo e o vivido aparente
47 5. Pulsão de morte e narcisismo

61 Sobre o autor

Introdução

O terrorismo não foi inicialmente um objeto de estudo. De certa forma, fui escolhido por ele. Morando como pesquisador na França nos anos em que este país se tornou alvo privilegiado dos ataques jihadistas, entre 2015 e 2016, fui impelido a pensar sobre tais eventos. A reflexão foi tomando forma em textos esparsos, que me eram solicitados na medida em que novos ataques se repetiam. A maior parte deles apareceu no caderno "Aliás", do jornal *O Estado de S. Paulo*, e uma primeira tentativa de maior fôlego foi publicada no quarto número da revista *Peixe-elétrico*. É partindo deste texto que proponho o presente ensaio, em uma versão bastante ampliada que aborda novas questões e eventos posteriores à publicação original. O terrorismo insiste em não sair de moda.

Como ficará claro, não é escopo do presente ensaio enumerar fatos ou levantar dados sobre eventos específicos. Não nos interessa tampouco aprofundar a compreensão do Islã ou apresentar os conflitos geopolíticos do Oriente. Se fui levado a pensar sobre o terrorismo, foi porque reconheci em sua manifestação atual traços característicos não de uma sociedade outra, mas sim daquela em que vivemos: a sociedade do capitalismo avançado, cuja fase última foi batizada por Guy Debord como "sociedade do espetáculo". Foi o caráter profundamente espetacular dos ataques terroristas que primeiro me chamou a atenção e que, como pesquisador da obra do pensador francês, vi-me na obrigação de tentar elucidar.

Nesse sentido, o que busco aqui não é tanto uma compreensão do terrorismo enquanto fenômeno à parte, mas a compreensão de nossa sociedade através do terrorismo. Trata-se de um esforço de reflexão embasado na tradição da teoria crítica, que busca apreender, através de um fenômeno particular e extremo, características da totalidade social. Um uso livre de categorias psicanalíticas servirá ademais a articular esses fenômenos, que podem ser compreendidos como sintomas de tendências patológicas gerais, oriundas da socialização do valor e da subjetivação espetacular.

São Paulo, janeiro de 2018

1 Capitalismo e abstratificação

Há aproximadamente sessenta anos, Erich Fromm iniciava seu livro *The Sane Society* [A sociedade sadia], traduzido no Brasil como *Psicanálise da sociedade contemporânea*, com a seguinte constatação: "Nada é mais comum do que a ideia de que nós, criaturas do mundo ocidental deste século XX, somos [mentalmente] sadios".[1] Que autor poderia hoje começar sua obra com uma afirmação semelhante, mesmo que para desmenti-la no parágrafo seguinte? Parece muito mais bem partilhada a ideia de que nós, criaturas do mundo globalizado do século XXI, somos mentalmente doentes. Ao menos é o que demonstra o alargamento constante das categorias clínicas: da alegria infantil à tristeza do luto, quase todo comportamento parece patolo-

[1] Erich Fromm, *Psicanálise da sociedade contemporânea*, Rio de Janeiro: Jorge Zahar, 1970.

← O militar jordaniano Muath al-Kasasbeh foi capturado e queimado vivo por membros do Estado Islâmico após sobreviver à queda do caça que pilotava na Síria, em janeiro de 2015.

gizável — e, logo, medicável, para a felicidade da indústria farmacêutica. Não obstante esse alargamento, o patológico parece continuar se harmonizando com a reprodução de uma ordem social que, em sua essência, pouco difere daquela descrita por Fromm. Este, como outros teóricos da Escola de Frankfurt,[2] procurou compreender a relação que existia entre a conformação da sociedade capitalista, centrada na reprodução do valor, e as patologias que engendrava — mesmo que não fossem percebidas enquanto tal, mesmo que permanecessem como "sofrimento surdo". Isso significava compreender que os processos sociais fundamentais da sociedade capitalista davam forma às características psicológicas do indivíduo.

Nesse entrelaçamento entre a estrutura socioeconômica e o caráter do indivíduo, há um processo destacado por Fromm que nos parece particularmente relevante. Trata-se daquilo que ele chama de *abstratificação* — o processo de transformação do concreto em abstrato. A abstratificação seria uma consequência do avanço da modernização capitalista, cuja produção massiva de bens não seria possível de outra forma. Mas ela teria transcen-

[2] Vertente do pensamento filosófico marxista que floresceu em meados do século XX associada ao Instituto para Pesquisa Social da Universidade de Frankfurt, na Alemanha. Em linhas gerais, seus adeptos eram críticos tanto do capitalismo como do modelo de socialismo defendido pelos partidos comunistas ortodoxos e implantado pela União Soviética. Além de Erich Fromm, pensadores como Max Horkheimer, Theodor W. Adorno e Herbert Marcuse também se associavam à Escola de Frankfurt. [N.E.]

[3] Fromm, *op. cit.*, pp. 117-8.

dido "o campo da produção econômica e invadido a atitude do homem para com as coisas, as pessoas e até para consigo mesmo."[3] Isso seria perceptível na apreensão cognitiva que o sujeito tem do mundo. Para Fromm, um funcionamento cognitivo apropriado deveria comportar a polaridade concreto-abstrato, isto é, por um lado, a capacidade de reconhecimento das qualidades concretas que possui cada objeto específico e, por outro, a faculdade de abstrair esses conteúdos concretos para apreender os objetos no interior de conjuntos genéricos. Todavia, "na cultura ocidental contemporânea esta polaridade abriu caminho a uma referência quase exclusiva às qualidades abstratas das coisas e das pessoas, e ao esquecimento de nossa relação com sua constituição material e singularidade. Em vez de formar conceitos abstratos quando é necessário e útil, tudo, inclusive nós mesmos, está sendo abstratificado; a realidade concreta das coisas e das pessoas, que podemos relacionar com a realidade de nossa própria pessoa, está sendo substituída por abstrações, por fantasmas que encarnam quantidades diferentes, mas não qualidades diferentes."[4]

Quando escrevia, Fromm ainda pensava nas manifestações mais propriamente econômicas dessa abstratificação do humano, no fato de que "cada homem pode ser representado [...] por uma cifra".[5] Hoje poderíamos dizer que cada homem pode ser representado por uma imagem — e assim fazemo-nos representar cotidianamente, de bom grado, nas redes sociais. Cifra ou imagem, trata-se de um mesmo processo, em contínuo, de subs-

4 *Idem*, pp. 118-9.
5 *Idem*, p. 116.

tituição das qualidades concretas por entidades abstratas representativas. Essa passagem já havia sido notada em 1967 por Guy Debord, numa apreensão da sociedade que ainda hoje soa impressionantemente atual.[6] A manifestação sensível da dominação econômica fez-se visível no plano suprassensível da imagem: uma "realidade substituída por abstrações" não apenas nos cálculos econômicos da esfera produtiva, mas também na crescente "acumulação de espetáculos"[7] que passaram a ocupar e organizar o tempo livre. Fromm via ainda as novas tecnologias de entretenimento como paliativos, vias de fuga do sofrimento real. Foi Debord quem primeiro percebeu que, longe de simples adendo ao mundo real, o que estava em jogo era uma alteração da nossa própria relação com o mundo — uma relação que começara a se alterar com o advento da modernidade capitalista e a estruturação das relações sociais pela mediação da mercadoria, e que então chegava a termo com as imagens como instância mediadora de nossa relação com o real: "É o princípio do fetichismo da mercadoria, a dominação da sociedade por 'coisas suprassensíveis porém sensíveis', que se completa absolutamente no espetáculo, quando o mundo sensível é substituído por uma seleção de imagens que existe acima dele e que ao mesmo tempo se faz reconhecer como o sensível por excelência".[8]

Nessa nova fase do capitalismo, que Guy Debord chamou de "sociedade do

[6] Guy Debord, *La société du spectacle*, Paris: Buchêt-Chastel, 1967. Para a edição brasileira, ver Guy Debord, *A sociedade do espetáculo. Comentários sobre a sociedade do espetáculo*, Rio de Janeiro: Contraponto, 1997.
[7] Guy Debord, *op. cit.*, § 1.
[8] *Idem*, § 36.

espetáculo", a relação entre patologia e sociedade deve ser repensada. Longe de simples paliativos, são as instâncias da imagem — hoje espaços de ação virtual — que cumprem a função de modeladoras sociais das falhas. Elas permitem não apenas uma fuga imaginária, mas uma realização de desejos perversos no âmbito separado da representação. Mas esse equilíbrio está sempre por um fio, pois o espetáculo revela uma tendência totalitária de impor o suprassensível da imagem ao sensível da experiência, ao preço da destruição do real.

Essa potência destruidora, da qual trataremos mais adiante, não pode ser devidamente compreendida se não levarmos em conta a inversão entre o concreto e o abstrato que enseja a estrutura social capitalista. A abstratificação vai muito além da quantificação apontada por Fromm, cuja compreensão se reduz aos aspectos visíveis da modernização industrial. Ela encontra sua raiz última na essência mesma da sociedade capitalista, que não é mais do que uma sociedade produtora de abstrações. A aparência do capitalismo como sociedade produtora de coisas, como indicado no início de *O capital*, de Karl Marx, é apenas sua faceta fenomênica. Os objetos que produz são o efeito colateral de um processo produtivo cujo objetivo final é o acúmulo de valor. O valor nada mais é do que a abstração das qualidades concretas dos produtos do trabalho, sua redução à generalidade que organiza a troca, e cujo fundamento regulador é o tempo social. Isso equivale a dizer que a estruturação social tem como fundamento uma abstração, e que é a busca do acúmulo constante dessa abstração que dita o ritmo da vida social. É a essa submissão da vida social à necessidade imperiosa do acúmulo de valor que chamamos cotidianamente de "crescimento econômico", e que pouco tem a ver com a produção concreta de bens. Nesse contexto, mesmo se uma classe se apropria da maior parte dos produtos da reprodução econômica, não hesitando em servir-se para isso de meios espúrios e violentos, não encontramos aí o cerne da dominação social.

A novidade do capitalismo foi a de ter engendrado, pela primeira vez, uma forma de dominação sem sujeito.[9] Toda a sociedade é submetida à dominação da economia — produto alienado da modernização capitalista. Se não atentarmos a isso, pouco poderemos compreender dos fenômenos mais inquietantes da contemporaneidade. A destruição do meio ambiente, por exemplo, sintoma mais evidente da abstratificação, não pode ser inteiramente compreendida pela ótica da luta de classes: afinal, todas as classes estão ameaçadas pela iminente hecatombe ecológica.

De maneira análoga, os casos contemporâneos de terrorismo — e os aparentados usos de violência cega como os *school shootings* [tiroteios em escolas] — devem ser compreendidos também nesse sentido. Como revoltar-se contra uma abstração? A quem culpar quando a causa de minha impotência remete a uma dominação sem sujeito?

É essa forma de dominação que exige o recurso ao bode expiatório, ao judeu ou a qualquer outro "impuro" ou "usurpador", e foi ela que deu o tom das diferentes fa-

[9] Robert Kurz, "Dominação sem sujeito", em *Razão sangrenta*. São Paulo: Hedra, 2010.

ces do fascismo ao longo do século XX. Outra resposta possível é a de atirar a esmo sobre a multidão, visar alvos sem contornos precisos, como nos diferentes casos de *amok* — termo em alemão usado para designar diferentes ocorrências de violência cega.

O mesmo vale para o terrorismo atual, cujas justificativas ideológicas são fluidas e mal servem a circunscrever um conjunto de vítimas. Comparativamente, poderíamos pensar no caso de uma guerra tradicional, em que não há dúvidas de que o soldado na trincheira adversária se enquadra na entidade representativa do inimigo, seja ela nacional ou ideológica. Mesmo no caso do nazismo, a averiguação da "judeidade" era feita com parâmetros genealógicos. Já no caso do terrorismo contemporâneo não há nenhuma averiguação de que o alvo visado possua de fato alguma relação com o alvo simbólico. Nos ataques de novembro de 2015, em Paris, por exemplo, entre os estabelecimentos alvejados estavam um restaurante cambojano e um bar argelino.

É partindo dessa compreensão da sociedade contemporânea, portanto, que procuraremos entender o fenômeno atual do terrorismo, o qual aproximamos de outros casos de violência cega. Tomaremos esses eventos como sintomas do mal-estar da sociedade atual, e não como resultantes de incompatibilidades religiosas ou culturais entre Oriente e Ocidente, como se tais distinções essencialistas ainda fossem possíveis em um mundo amplamente unificado sob a égide do capitalismo espetacular.

2 Comunidade e identidade simbólica

A cada novo ato de terrorismo, a agressão é sempre apresentada como exógena, como barbárie. A violência pertence ao Outro, dizem, é exterior à nossa cultura, se opõe a ela. Quando as torres do World Trade Center foram derrubadas, em 2001, esse foi o tom geral das explicações que circularam pelos meios de comunicação, todas mais ou menos afinadas com a tese do "choque de civilizações". Pouco importavam a complexidade do ataque e os meios extremamente modernos com que fora executado; pouco importava que alguns dos terroristas tivessem vivido e estudado na Europa e nos Estados Unidos; a versão oficial foi a de que o Ocidente estava sendo ameaçado por homens escondidos em cavernas nas profundezas dos desertos afegãos.

Uma ladainha semelhante foi evocada em janeiro de 2015, quando o semanário satírico parisiense *Charlie Hebdo* foi alvo

← Os irmãos parisienses Saïd e Chérif Kouachi executam um policial francês a tiros de fuzil após terem cometido um atentado contra o jornal *Charlie Hebdo*, em janeiro de 2015.

de um ataque que dizimou os profissionais de sua redação. Mais uma vez, pouco importou que os assassinos fossem ambos nascidos e criados na França. Eram muçulmanos e, portanto (!), contrários à "cultura francesa", que teria como um de seus pilares a "liberdade de expressão", valor que, de uma hora para outra, parecia ter se encarnado no *Charlie Hebdo* — de cuja existência pouquíssimos ainda se lembravam, à exceção, claro, da Al Qaeda, que havia jurado seus desenhistas de morte por terem caricaturado o profeta Maomé. A longa polêmica que se arrastou sobre o conteúdo ofensivo das charges do periódico — afinal, só agora muitos descobriam essas charges — só contribuiu para manter o "choque de civilizações" em primeiro plano, afastando o Mal para o outro campo — por mais que dar um motivo a esse Mal pudesse parecer, para uma esquerda inadvertida, uma operação de raciocínio crítico. Enquanto isso, políticos pouco parcimoniosos propunham que os terroristas — que, aliás, foram mortos pela polícia sem que isso provocasse qualquer estranhamento — tivessem sua nacionalidade francesa retirada — um ótimo exemplo de tentativa de dobrar os fatos às narrativas. Milhões foram gastos para reforçar o aparato de segurança contra a ameaça "externa", mas, como esse inimigo externo está muito bem disfarçado em meio aos franceses — chegando ao ponto de serem franceses! —, foi necessário enfraquecer as liberdades civis e aumentar a vigilância sobre a população. E tudo isso sem nenhum sucesso. Apenas dez meses depois, Paris se via cenário de um novo ataque,[10] e muito pior

10 Trata-se dos ataques ocorridos em Paris e Saint-Denis em novembro de 2015, com destaque ao assassinato de 89 pessoas dentro da casa de shows Bataclan. [N.E.]

que o precedente. Nada de significativo mudara nas nacionalidades dos terroristas — à exceção de um mandante belga —, mas isso não impediu o governo de caracterizar os ataques como "terrorismo de guerra" — segundo a formulação paradoxal do então presidente François Hollande, que, se levada a sério, poderia legitimar o terrorismo. Se o Estado francês optou pelo jargão da guerra foi, na verdade, para legitimar *après coup* os bombardeios que já estava realizando, primeiro no Mali e, depois, na Síria, contra organizações do Estado Islâmico. A questão geopolítica predominou nas discussões sobre o tema, e o Mal foi, mais uma vez, mantido à distância.

É claro que os fatores geopolíticos conservam sua importância na explicação de tais acontecimentos, bem como os interesses econômicos, as motivações religiosas e as diferenças culturais. Mas a insistência exclusiva sobre essas explicações é sintoma de uma denegação: frente ao caráter traumático dos eventos, acontecidos *aqui*, queremos acreditar que eles não nos pertencem, que são, na verdade, de *outro lugar*. Como escreveu Robert Kurz à época do ataque às torres gêmeas, recusamos a mirar o "espelho que o terror nos oferece".[11]

Na contramão dessa recorrente recusa, quero me servir desses eventos traumáticos como meio para uma reflexão crítica sobre nossa so-

[11] Robert Kurz, "La pulsion de mort de la concurrence. Amoks et kamikazes comme sujets de la crise" [A pulsão de morte da competição: *amoks* e camicases como sujeitos da crise], em *Avis aux naufragés: chroniques du capitalisme mondialisé en crise* [Aviso aos náufragos: crônicas do capitalismo globalizado em crise]. Paris: Lignes, 2004.

ciabilidade moderna. É preciso desmontar esse mecanismo de defesa que consiste em empurrar o terrorismo para o campo do outro, recusando-se a aceitá-lo como sintoma de uma disfunção de nossa forma de organização social. Peça fundamental no funcionamento desse mecanismo é a falsa ideia de que o terrorismo atual estaria vinculado ao tradicionalismo das comunidades imigrantes, que se recusam à assimilação cultural. Esse é o grande mantra da extrema-direita na França, que, postulando a assimilação, se pretende a verdadeira herdeira do universalismo republicano. Como sói acontecer nas propagandas políticas, a ideia que aí se veicula é falsa. A França recebeu grande parte de seus imigrantes durante a expansão econômica ocorrida entre as décadas de 1950 e 1970. Os muçulmanos dos quais hoje se fala são na verdade filhos e netos de imigrantes, nascidos e criados na França. Longe de terem crescido em âmbito tradicionalista, encontram-se muitas vezes em ruptura com os preceitos religiosos dos pais, ao ponto em que alguns chegam até a caracterizar o fenômeno atual, de maneira por vezes redutora, como um conflito geracional.[12] Os perfis dos jihadistas que costumam circular na imprensa após os atentados mostram sempre que a relação com a religião aparece tardiamente na vida dessas pessoas, servindo como uma espécie de justificativa ideológica *a posteriori*, que dá sentido a vidas fora da norma, frequentemente marcadas pela delinquência. Fenômeno, aliás, que sequer escapou à polícia francesa. "Na falta

[12] Eis a ideia motriz em Olivier Roy, *Le djihad et la mort* [A *jihad* e a morte]. Paris: Seuil, 2016.

de referenciais, alguns jovens delinquentes, submetidos a uma conversão repentina ou a um retorno a suas origens, se deixam seduzir por essa filosofia que lhes permite prosseguir com suas atividades delituosas sob uma caução moral religiosa".[13] A observação policial, porém, não dá conta do fato de que essa "conversão repentina", esse "retorno às origens", é já um fenômeno espetacular, sendo frequentemente inspirado por grandes eventos que se passam longe, como a ocupação norte-americana no Iraque — caso dos irmãos Kouachi, que atacaram o *Charlie Hebdo* — ou os conflitos atualmente protagonizados pelo Estado Islâmico — caso da maior parte dos atuais aderentes europeus à *jihad*. Não se trata, portanto, de uma retomada dos laços comunitários perdidos, de um retorno à prática religiosa familiar ou a qualquer costume transmitido pela tradição, mas sim da adesão imaginária motivada por eventos de grande repercussão midiática. O tradicionalismo que o fundamentalismo islâmico encena não é assim mais do que um produto apto ao consumo espetacular.

Um traço característico da modernidade é o de produzir novas formas de pertencimento que não são mais determinadas pela inserção concreta numa coletividade. Como nota o historiador Benedict Anderson, as nações modernas foram grandes "comunidades imaginadas", e as formas mediadas de partilha simbólica — como a imprensa e a literatura — cumpriram um papel

[13] "Chérif Kouachi, sous l'emprise d'un mouvement sectaire salafiste" [Chérif Kouachi, sob a influência de um movimento salafista sectário], em *Le Monde*, 9 jan. 2015.

importante em sua constituição.[14] O desenvolvimento da indústria cultural e dos novos meios de comunicação ensejou, porém, novas formas de identidades simbólicas, e comunidades imaginadas passaram a tecer-se em torno de produtos culturais — como os fã-clubes de celebridades ou as torcidas organizadas. O aparecimento da internet tornou esse processo mais evidente, permitindo que as comunidades se instalassem no âmbito virtual. Não por acaso, a primeira rede social de sucesso, o Orkut, era estruturada em "comunidades". Esse é um bom exemplo de como a imagem adquiriu, na sociedade do espetáculo, uma função de mediação das relações sociais. O espetáculo veio ocupar a terra arrasada deixada pelo avanço do capitalismo, que rompera os elos sociais tradicionais. A vida em comum deixou de se estabelecer a partir de relações diretas, e a identificação simbólica passou a ser determinada por um conjunto de representações que não emana mais da prática cotidiana. Daí essa identificação poder ser transversal às reais diferenças geográficas e sociais. Ao contrário do que brada a direita reacionária, essa espécie de "traição à pátria" não resulta da adesão a uma forma de coletividade tradicional, anterior aos Estados nacionais, mas sim do desenvolvimento de uma forma de identificação mais moderna do que o nacionalismo.

Essa identificação imaginária possui hoje um referente territorial nas regiões ocupadas pelo Estado Islâmico. Mas isso não deve nos levar a confundir a ordem dos fatores. Aqui, o referente

[14] Benedict Anderson, *Comunidades imaginadas: reflexões sobre a origem e a difusão do nacionalismo.* São Paulo: Companhia das Letras, 2008.

é móvel, e o que permanece é, na verdade, o mecanismo de identificação simbólica. A verdadeira materialidade não está na territorialidade transitória — outrora Iraque invadido pelos americanos, depois o território do Estado Islâmico. O jihadismo contemporâneo é também um fenômeno do seu tempo na desterritorialização característica do capitalismo transnacional. O único "lugar" dessas comunidades aparentes se dá na interatividade fugaz da rede. Daí a necessidade de tudo se filmar. É apenas no compartilhamento das imagens que se constrói uma impressão de pertencimento coletivo. Não é um acaso que as câmeras se tornaram itens tão essenciais quanto os fuzis. Como veremos mais adiante, não se trata de simples estratégia de propaganda, mas do fato de que a imagem se tornou uma instância mediadora necessária.

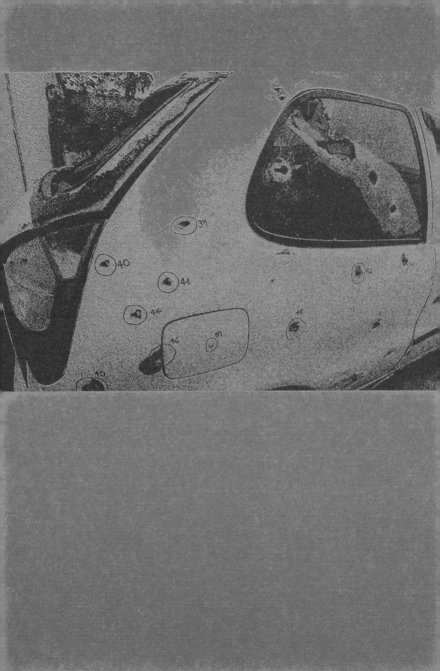

3 Violência e *amok*

Uma vez afastada a ideia do choque de civilizações, podemos, contudo, suspeitar que a insistência reiterada em se referir ao terrorismo como um ato de barbárie talvez contenha alguma verdade. O recurso à ideia de barbárie está frequentemente relacionado ao caráter particularmente violento do terrorismo. Não propriamente com o fato de que sejam violentos — nem todo ato violento é designado como bárbaro —, nem tampouco com seu suposto excesso de violência. Ao contrário do que possa parecer à primeira vista, não se trata de uma diferença quantitativa, mas sim qualitativa. Esses atos nos parecem bárbaros porque possuem uma forma particular de violência que escapa às formas de violência socialmente codificadas (mesmo se sob a forma de transgressão). Embora todas as culturas comportem formas de violência pros-

← Perícia sinaliza e numera cada um dos 111 tiros disparados pela Polícia Militar do Rio de Janeiro contra um carro que trafegava por bairro do subúrbio carioca, em novembro de 2015.

critas e autorizadas, para o sociólogo Jan Philipp Reemtsma a necessidade de legitimar o recurso à violência seria característica da modernidade europeia e transatlântica.[15] Nesse quadro de legitimação da violência — que implica, sob os auspícios do Estado, detentor de seu monopólio, uma normatização cada vez mais estrita da violência —, existe uma forma de violência que é expulsa do âmbito da cultura. Reemtsma a nomeia de "violência autotélica".

O teórico parte de uma premissa fenomenológica que coloca a corporeidade no centro do problema da violência: a violência podendo mesmo se definir por uma redução ao corpóreo. A partir daí, Reemtsma extrai três tipos possíveis de violência. No primeiro caso, que chama de violência "localizante", busca-se remover o corpo, visto como obstáculo na obtenção de um dado fim (um segurança que protege um cofre, por exemplo). No segundo caso, nomeado de violência "raptiva", não se trata de retirar, mas sim de possuir o corpo, servir-se dele, violência frequentemente orientada por fins de ordem sexual. Nesses dois casos, pode haver destruição do corpo, mas apenas como efeito colateral, enquanto que no terceiro caso a destruição do corpo deixa de ser um simples meio e torna-se seu fim principal. Por isso é denominada de violência autotélica, pois possui um fim (*telos*) em si mesma.

Reemtsma afirma que essa terceira forma de violência — não enquadrada na razão instrumental —

[15] Jan Philipp Reemtsma, *Confiance et violence: essai sur une configuration particulière de la modernité* [Confiança e violência: ensaio sobre uma configuração particular da modernidade], Paris: Gallimard, 2011.

foi rechaçada pela cultura ocidental, sendo tratada como "loucura" ou "barbárie". Mas ela faz parte das potencialidades humanas e, portanto, volta continuamente à cena da cultura — de maneira particularmente dramática quando articulada à política, como no caso do nazismo. O recalque cultural da violência autotélica nos impediria de reconhecer sua presença em muitos casos que apenas aparentemente são orientados para outros fins. Esse seria, por exemplo, o caso do uso da tortura por regimes autoritários, como ocorrido na América Latina, onde a prática de suplício contínuo do corpo vai muito além de sua alegada função de obtenção de informações; ou em tantos outros casos em que agentes da violência legítima do Estado a utilizam fora dos fins de manutenção da ordem, como no caso dos esquadrões da morte e das inúmeras chacinas perpetradas pela polícia no Brasil. Como compreender que policiais possam disparar mais de uma centena de tiros sobre um carro em que cinco jovens adolescentes escutam música?[16] Uma única bala seria o suficiente para confirmar uma política de Estado racista — o que nos manteria, porém, dentro da questão da violência legitimada. Mas essa quantidade de tiros indica uma carência de fins claros, e a violência policial parece encontrar aqui um fim em si mesma.

A violência autotélica retornou de maneira característica no final do sé-

[16] Em 28 de novembro de 2015, homens da Polícia Militar do Rio de Janeiro dispararam 111 tiros — 81 de fuzil e trinta de pistola, de acordo com a perícia oficial — contra cinco jovens que trafegavam em um Fiat Palio pelas ruas de Costa Barros, bairro da zona norte da capital fluminense. Todos os ocupantes do carro, com idades entre 16 e 20 anos, morreram. [N.E.]

culo XX em pleno epicentro do capitalismo avançado, sob a forma dos *school shootings*. As carnificinas que se tornaram cada vez mais comuns, sobretudo em escolas dos Estados Unidos (e depois em muitos outros países ocidentais, tendo ocorrido também no Brasil),[17] são um exemplo desconfortante de violência que não pode ser enquadrada em princípios de razão instrumental. Por vezes, esses episódios se aproximam de uma explosão de agressividade cega que pode ser designada pelo nome de *amok*. O termo foi originalmente forjado pela etnologia do século XIX para identificar formas "bárbaras" de violência em povos não ocidentais. Os etnólogos colonizadores observaram o fenômeno de indivíduos que, após acumular frustrações e humilhações pessoais, atacavam a esmo outros indivíduos, em explosões de raiva assassina, geralmente munidos de armas brancas. Foi esse tipo de fenômeno que batizaram de *amok*, tomando o termo emprestado da língua malásia. Em alemão, o termo se popularizou no começo do século XX graças ao romance homônimo do escritor austríaco Stefan Zweig, sendo hoje utilizado de maneira ampla para designar explosões de violência cega — agora no solo do colonizador, como no caso dos *school shootings*.

Como não reconhecer o parentesco evidente entre os atiradores loucos e o terrorismo atual? Robert Kurz já havia notado essa relação após os ataques de 11 de setembro, e evocava para tanto o tre-

[17] Em 7 de abril de 2011, Wellington Menezes de Oliveira, de 23 anos, entrou na Escola Municipal Tasso da Silveira, em Realengo, bairro da zona oeste do Rio de Janeiro, e atirou contra alunos e professores. Onze crianças entre 12 e 14 anos de idade morreram, e treze ficaram feridas. [N.E.]

cho do diário íntimo de um dos perpetradores do tiroteio de Columbine, em 1999, no qual esse sonhava com "jogar um avião em um arranha-céu de Nova York". Hoje não seria preciso ir tão longe. A relação tornou-se evidente na própria forma dos ataques, ao menos desde que Mohamed Merah ascendeu ao status de pioneiro do novo terrorismo em solo francês após abrir fogo em uma escola judaica, em 2012. Ao se ouvir falar em tiroteios indiscriminados numa casa de shows, como ocorrido no Bataclan em novembro de 2015, como não se lembrar do atirador que abriu fogo contra uma plateia de cinema, em São Paulo, há não muito tempo atrás?[18]

Na nova leva de ataques reputados como terroristas que passaram a ocorrer a partir de meados de 2016, a distinção entre *amok* e terrorismo se tornou praticamente inexistente. As agressões passaram a ser cometidas mesmo sem a necessidade de armas de fogo, em escalas menores e com cada vez menos planejamento. Em 18 de julho de 2016, um jovem paquistanês de 17 anos feriu quatro pessoas em um trem em Wutzbourg, na Alemanha, servindo-se de uma machadinha. Com todos os traços de *amok*, a ação foi considerada um ataque do Estado Islâmico, pois o agressor possuía em sua casa uma bandeira da organização — confeccionada de próprio punho. Quatro dias antes, em Nice, no sul da França, Mohamed Lahouaiej-Bouhlel jogou um caminhão alugado sobre a multidão que assistia à queima de fogos de 14 de ju-

[18] Na noite de 3 de novembro de 1999, Mateus da Costa Meira, de 24 anos, atirou contra os espectadores de uma sessão de cinema no Morumbi Shopping, na zona sul de São Paulo, matando três pessoas e ferindo outras quatro. [N.E.]

lho. Com um passado de violência e sob uso de medicamentos controlados, Lahouaiej-Bouhlel não foi considerado um louco, mas um sapiente terrorista — sendo a melhor prova de seu "radicalismo islâmico" uma barba que deixara crescer pouco antes de cometer o ato. O assassino de Nice lançou um novo modo de atentado que se repetiu ao longo do ano seguinte em Londres (3 de junho de 2017), Barcelona (17 de agosto), Nova York (31 de outubro) e Melbourne (21 de dezembro).[19] Neles, o planejamento é reduzido ao mínimo. Basta estar de posse de um veículo automotivo, de preferência de grandes dimensões, e jogá-lo sobre aglomerações — facilmente encontráveis em pontos turísticos. O "sucesso" é quase sempre certo. Parafraseando Marx, podemos dizer que é graças ao baixo custo de sua nova forma que o terrorismo escapa aos aparatos de segurança e tenta fazer capitular com ódio hostil os "infiéis" mais indiferentes.

Que o automóvel tenha se tornado a nova arma tampouco é de se estranhar. O automóvel foi a mercadoria vedete do capitalismo no século XX, a que melhor encarnou a falsa promessa de autonomia do sujeito. A erotização patente nas publicidades é indício mais do que suficiente da dissonância entre aquilo que promete e o que pode entregar. A força da máquina é promessa de restituição da potência do sujeito, que se redobra na fase espetacular do capitalismo em oferta de fruição escópica do mundo sob a proteção segura

[19] Apenas em Melbourne as autoridades tiveram o bom senso de classificar o ocorrido como um "ato isolado" por parte de um sujeito "desequilibrado", e isso apesar de o agressor ser de origem afegã e ter clamado por motivações religiosas.

20 Uma das maneiras de se referir aos campos de concentração: *Konzentrationslager*, em alemão. [N.E.]

↑ Caminhão usado em ataque terrorista em Nice, na França, durante as comemorações da Queda da Bastilha em 14 de julho de 2016: mais de oitenta mortos.

de seu ambiente climatizado (ou mesmo blindado). Essa combinação de restituição de potência, isolamento e privilégio do olhar faz dele uma mercadoria privilegiada e, *portanto*, um meio adequado de realização da pulsão de morte. Prova disso já eram as autoestradas — *lagers*[20] cotidianos, como disse Giorgio Agamben —, e são agora também os novos casos reiteradamente repetidos de terrorismo *amok*. O terrorismo parece finalmente se confundir com a explosão da violência cega, manifestação da violência autotélica como retorno do reprimido da cultura.

Contudo, por mais interessante que possa ser a noção de violência autotélica, ela não deixa de ser problemática quando articulada ao político. Nesses casos — mesmo o nazismo constitui para Reemtsma um exemplo de violência autotélica — é difícil isolar os meios dos fins, e até a violência cega parece subsumir-se a projetos mais amplos de dominação. No caso do Estado Islâmico, que é aquele que aqui nos interessa mais particularmente, mesmo o emprego da violência autotélica parece subordinado a fins de propaganda. Um número maior de vítimas implica uma maior repercussão do atentado na mídia, e se há nisso satisfação de uma violência autotélica, ela é um efeito secundário.

O terrorismo sempre buscou um efeito de propaganda — aquilo que no século XIX o terrorismo anarquista chamava de "propaganda pelo fato" —, e não há aqui nenhuma novidade. Mas há sem dúvida algo de novo na maneira como o terrorismo atual utiliza as técnicas do espetáculo, produzindo vídeos e montagens por vezes muito bem elaborados. O controle dos meios de difusão de conteúdo é certamente outra novidade, possibilitada pelo advento da internet — e aqui o canal de difusão se confunde também com o canal de aliciamento. Por mais chocante que possa ser o conteúdo difundido pelo Estado Islâmico, sua forma é já reveladora de que a violência está subordinada a uma lógica espetacular.

O vídeo da execução do piloto jordaniano Muath al-Kasasbeh, que causou grande impacto ao ser divulgado no início de 2015, é exemplar desse sentido. A barbárie da execução — Muath al-Kasasbeh foi queimado vivo — está evidentemente subordinada aos fins da propaganda, como revela a mescla cuidadosa de estética de canal de notícias com aquela dos videoclipes musicais, produzindo, ao mesmo tempo, um efeito de verdade e de entretenimento seguro. A estética dos videogames também é evocada em filmagens feitas com câmeras GoPro acopladas às armas, com objetivo de emular as imagens dos jogos de *first person shooting*. Mas aqui vamos além de uma simples lógica de propaganda. Aqui nos aproximamos de algo que poderíamos chamar de *promessa invertida de realidade*. Com tais vídeos, o Estado Islâmico busca aliciar jovens habituados aos jogos de videogame, vendendo a ideia de que a guerra é como um videogame da vida real: uma inversão perversa na relação entre realidade e representação, que é característica da sociedade do espetáculo, e que devemos tentar compreender melhor.

4 O espetáculo e o vivido aparente

Embora a expressão "sociedade do espetáculo" seja empregada de maneira corrente hoje em dia, no mais das vezes de maneira pouco precisa, como se designasse simplesmente o campo da mídia ou da cultura de massas, ela foi definida há cinquenta anos, em livro homônimo do pensador francês Guy Debord. Não à toa, *A sociedade do espetáculo* é frequentemente referido como um livro "profético", epíteto sempre recusado por seu autor, que afirmava ter apenas escrito sobre o que já se podia perceber em 1967. Sua assertiva é verdadeira em mais de um sentido. Significa que, por um lado, a obra possui um contexto histórico específico, e nem tudo que ali é afirmado pode ser tido hoje como

← O terrorista belga Abdelhamid Abaaoud, comandante dos ataques de novembro de 2015 em Paris e Saint-Denis, portando fuzil e com uma câmera GoPro amarrada à cabeça.

← Imagem produzida com câmera GoPro e divulgada na internet pelo Estado Islâmico: semelhança assustadora com a estética dos videogames de tiro em primeira pessoa.

válido. Muitas vezes citações de A sociedade do espetáculo são empregadas de maneira disparatada por desconhecimento do significado contextual que possuíam. Outras vezes, porém, trechos do livro parecem assustadoramente contemporâneos, mesmo quando designam fenômenos que o autor não poderia conhecer.

É possível pensar em definição mais acurada para o mundo hiperconectado do que descrevê-lo como "um conjunto de relações sociais mediadas por imagens"?[21] A situação se torna ainda mais complexa se levarmos em consideração que essa afirmação é, na verdade, uma reformulação de Marx, que, um século antes, definira a sociedade capitalista como um conjunto de relações sociais mediadas por coisas. Como é possível que uma frase de meados do século XX, calcada em outra frase de meados do XIX, venha a parecer tão pertinente para descrever uma realidade que consideramos típica do século XXI?

Em ambos os casos encontramos a compreensão da modernidade como uma ordem social totalizante que se constitui por processos fundamentais de mediação. Para Marx, o processo a partir do qual se teciam as relações sociais era o processo de produção material: no caso do capitalismo, a produção e a circulação de mercadorias — essa coisa "cheia de sutilezas metafísicas", estranhamente habitada por uma fantasmagoria chamada valor. A verdade das relações sociais se encontraria aí, nas relações estruturadas em torno da produção de capital. Não obstante, no plano simbólico, as relações sociais encontravam

[21] Guy Debord, op. cit., § 4.

outras mediações, podendo ser subsumidas por outras totalidades aparentes.

O nacionalismo foi disso o maior exemplo. Constituindo uma aparente totalidade social em contradição com as relações sociais de produção, que ocultavam essas relações e suas diferenças fundamentais de classe, o nacionalismo foi visto como o grande inimigo da luta do proletariado, exemplo supremo de ideologia e de falsa consciência. A falsa consciência, termo fundamental em György Lukács e que teve grande importância no debate marxista, consistia precisamente nessa compreensão de uma disparidade entre a representação subjetiva e a realidade social objetiva, ou seja, na defasagem entre a representação que o sujeito faz da sociedade e sua real inserção no processo produtivo.

As identidades nacionais, para retomar o mesmo exemplo, ocultariam a verdadeira divisão social que é dada pela divisão de classes, esta sim oriunda do real processo de reprodução da vida material. No marxismo tradicional, isso significava ocultar do proletário sua condição subalterna, bloqueando, por meio dessa falsa representação, seu acesso à mobilização política. Essa discussão pode parecer datada, e de fato é, mas ela está presente na teoria de Debord, que em muitos pontos concebe o espetáculo em termos de falsa consciência, subentendendo aí a indevida compreensão das relações de classe. Mas na época em que Debord escreve — momento de expansão dos meios de comunicação de massa, com destaque para a invenção da televisão —, termos como "representação" e "aparência" começaram a ganhar uma significação muito mais literal. E, embora ainda bastante ancorado em uma teoria marxista que o precedera, ou talvez precisamente por isso, Debord descreve já um novo processo de unificação social que é agora mediado por aquilo que será chamado justamente de *media*.

Isso faz com que a teoria do espetáculo guarde, ao menos em parte, uma validade atual, diferentemente de tantos escritos que foram produzidos sobre a comunicação de massas, e que perderam a atualidade com o avançar dos meios de comunicação. Isso porque aquilo que o espetáculo designa é o processo de mediação social no qual tomam parte os meios de comunicação, de forma que, independentemente da modificação dos dispositivos específicos, a descrição permanece válida enquanto sua função for a mesma.

Isso não quer dizer, porém, que a invenção das novas mídias não tenha acarretado mudanças importantes. Ao menos uma delas deve ser destacada. Quando Debord escreveu, à época do chamado sistema de *broadcasting*, a comunicação de massas se dava em sentido único, a partir de um grande centro emissor que distribuía o conteúdo produzido para os receptores (de rádio ou televisão). Por isso Debord falava do espetáculo como "monólogo sem réplica". O espetáculo entendido como "monopólio da aparência" dizia respeito a uma sociedade na qual os indivíduos não possuíam os meios para representar a própria vida. Daí a separação fundamental entre a experiência e a representação que, para Debord, caracteriza o espetáculo. Enquanto a vida é empobrecida pela alienação no trabalho, o tempo livre é ocupado pelo consumo passivo de representações que não possuem nenhuma relação direta com o vivido cotidianamente.

Hoje, porém, tornaram-se amplamente acessíveis os meios técnicos que possibilitam uma representação da experiência cotidiana. Ao passo que as novas mídias não se estruturam mais pelo princípio do *broadcasting*, todo aparato receptor é também emissor, permitindo a circulação de conteúdos em diferentes sentidos. Parece, portanto, inadequado continuar falando em "monólogo sem réplica", e o conceito de "monopólio da aparência" se torna, em seu sentido mais estrito, obsoleto. Por outro lado, o fato de as relações sociais serem mediadas por imagens parece se tornar mais verdadeiro do que nunca. A mediação a que se referia Debord era ainda uma mediação vertical, dada por um ponto central que "concentra todo olhar", e que realiza, portanto, uma unificação imperfeita: os indivíduos estão em relação com o centro, mas não entre si (daí que "o espetáculo reúne o separado, mas o reúne como separado"). Hoje em dia, porém, encontramos uma mediação horizontal que, embora dependa de um aparato técnico centralizado — o setor de comunicações e as redes sociais certamente não desmentem em nada a tendência monopolista do capital —, não depende mais de um centro emissor de conteúdo.

Nesse quadro, caberia perguntar se ainda se sustenta a separação entre representação e experiência sobre a qual o espetáculo parecia se basear. De fato, em seus *Comentários sobre a sociedade do espetáculo*, escrito em 1988, Debord reconheceu que essa separação parecia superada, mas não no sentido de uma reconciliação. Apenas o espetáculo havia se

tornado tão onipresente a ponto de impedir o discernimento entre o vivido e a representação, como se não houvesse mais exterioridade ao espetáculo. Mais uma vez a afirmação parece precoce — e tanto mais verdadeira nos dias atuais.

Uma hipótese que faço nesse sentido é a de que os novos meios implicaram uma generalização da condição da vedete, que, em A sociedade do espetáculo, é definida como "especialização do vivido aparente".[22] O consumo espetacular vem sempre ao encontro de uma

[22] Guy Debord, op. cit., § 60.

carência que se anuncia na vida moderna. Com o empobrecimento da experiência cotidiana imposta pela superespecialização do trabalho, nascia o desejo pelo consumo de vidas espetaculares. A função das vedetes seria a de encenar essas vidas. A tão falada autoexposição onipresente nas redes sociais parece seguir a exata mesma lógica, como se todos hoje

↑ O terrorista francês Amedy Coulibaly em vídeos que divulgou pela internet antes de invadir o mercado Hypercacher, em Paris, e assassinar quatro reféns, em janeiro de 2015.

tivessem seu lado vedete. Não se trata apenas de se autoexpor, mas sobretudo de constituir um vivido aparente que, assim como o vivido aparente da vedete, serve a preencher o vazio da experiência cotidiana sob o capitalismo. Um vivido aparente, portanto, que incide sobre o tempo livre, e não sobre o tempo de trabalho, que se destaca — por vezes até se opõe — à inserção na ordem social do trabalho, ao passo que se insere e reitera a ordem social do consumo.

Tudo isso pode parecer distante de nosso tema inicial, mas não é. Esse longo desvio pela teoria do espetáculo é necessário para que possamos compreender o fenômeno do terrorismo contemporâneo como inerente à lógica da sociedade contemporânea. Que o Estado Islâmico faça uso das redes sociais é um fato bem conhecido e comumente mencionado. Mas isso é geralmente visto como uma ação puramente estratégica, como se os bárbaros utilizassem a tecnologia moderna como meio temporário em sua busca para reinstaurar um mundo pré-moderno. Longe disso, não se trata só de marketing ou estratégia. A razão é estrutural. Esses são os meios de sociabilidade moderna. Quem é hoje capaz de imaginar uma vida social sem eles? Aparentemente, nem os "bárbaros".

Esses são também produtos do mundo unificado sob o capitalismo espetacular, e a única sociabilidade que conhecem é essa. É, aliás, essa incapacidade de imaginar sociabilidades alternativas que faz com que se tornem tão atraídos pela miragem da sociedade arcaica, de lei severa e supostos preceitos tradicionais — uma atração diretamente proporcional à real ignorância que possuem da religião. Mas a adesão a essa comunidade antiga continua a ser vivida, sobretudo como comunidade espetacular, através do uso das novas mídias. Existe todo um vedetismo jihadista, análogo ao vedetismo democratizado das redes sociais. O suposto mentor dos ataques de novembro de 2015 na França, Abdelhamid Abaaoud, já era um sucesso das redes muito antes de ter feito algo de efetivo. Suas idas e vindas à Síria eram anunciadas nas redes, sempre devidamente ilustradas com fotos heroicizantes com uniformes e armas. Pouco após os atentados, o jornal *Le Monde* se serviu de uma dessas fotografias quando publicou em seu site o perfil de Abdelhamid Abaaoud. Tiveram de retirá-la por conta das queixas dos internautas franceses, incomodados com a postura heroica do rapaz.

Em janeiro do mesmo ano, essa preocupação de autopromoção já havia ficado evidente no caso de Amedy Coulibaly, que protagonizou o ataque ao mercado Hypercacher. Sua ação real foi banal: entrar armado em um mercado e tomar os clientes como reféns.[23] Muito mais planejados foram os vídeos que Coulibaly preparou antecipadamente, travestindo-se ora de guru religioso, ora de soldado de Alá. O inquietante está na passagem desse gozo espetacular que a autorrepresentação falaciosa do vedetismo virtual proporciona (e que todos conhecemos) para uma efetivação da violência na vida real — e isso a ponto de por a própria vida a perder.

[23] O episódio ocorreu em 9 de janeiro de 2015. Antes de ser morto pela polícia, Coulibaly, de 32 anos, fez quatro vítimas fatais. [N.E.]

5 Pulsão de morte e narcisismo

O martírio é sem dúvida um valor consolidado no interior do Islã, e tem para os xiitas seu mito fundador na história de Imam Hussein (Huceine ibne Ali), neto do profeta Maomé, morto após a derrota na batalha de Carbala. O suicídio, todavia, permaneceu proscrito pela tradição islâmica, tendo sido condenado por dignitários religiosos ainda à época dos ataques às torres gêmeas.[24] O uso do suicídio como método em ataques de cunho religioso é uma invenção recente, popularizada na Palestina pelo Hamas nos anos 1990 — uma espécie de incorporação da tática camicase empregada pelos japoneses na Segunda Guerra Mundial. Curiosamente, o fenômeno ganhou corpo no mesmo momento em que apareciam os casos

24 Jacob Rogozinski. *Djihadisme: le retour du sacrifice* [Jihadismo: a volta do sacrifício]. Paris: Desclée de Brouwer, 2017, pp. 221-2.

← Sandro Barbosa do Nascimento, que sequestrou o ônibus 174 em junho de 2000, no Rio de Janeiro, conversa com a polícia enquanto mantém uma mulher como refém.

de atiradores loucos, esses também culminando no suicídio dos agressores. Robert Kurz atentou a essa coincidência do retorno concomitante do *amok* e do camicase.[25] Esse entrelaçamento entre vontade cega de destruição do outro e disponibilidade suicida estaria ligado ao tipo de subjetividade produzido pela sociedade capitalista, colocando-se assim no esteio da filósofa Hannah Arendt, que havia identificado na modernidade um processo paulatino de "perda do eu" (*Selbstverlorenheit*), um enfraquecimento do instinto de conservação que decorria da percepção de que todos somos constantemente substituíveis — notadamente no mundo do trabalho.

Com o avanço do neoliberalismo e sua ideologia de competição desenfreada, porém, Kurz notara que esse esquecimento de si era completado pelo desconhecimento completo do outro, compondo o que chamou de "subjetividade concorrencial totalitária". A predisposição ao aniquilamento do outro e à destruição de si não seriam mais do que os reversos patológicos dessa subjetividade concorrencial ensejada pelo capitalismo. Pouco mais de vinte anos depois, o tempo parece ter dado razão ainda maior ao teórico. Os recentes ataques jihadistas se aproximam de uma espécie de terrorismo "faça você mesmo", no qual indivíduos desgarrados de inserções coletivas e incentivados à livre ação levam a cabo ataques sem mandantes, com parcos meios e planejamento simplificado. Como não reconhecer neste terrorismo o revés perverso do autoempreendedorismo neoliberal?

Mas, como temos observado, o ato terrorista denota que esse enfraquecimento

[25] Robert Kurz, *op. cit.*

do eu é acompanhado de uma busca compensatória de restituição de potência. Nesse sentido, seria interessante recuperarmos outro conceito psicanalítico, o conceito de narcisismo, alargado para o campo da crítica social por Christopher Lasch no final da década de 1970.[26] Ao empregar essa noção para analisar a cultura norte-americana, Lasch não pretendia uma simples crítica moral do egoísmo capitalista.

Em sua leitura, embasada nos textos finais de Freud, o narcisismo aparecia como uma falha na definição das fronteiras entre o eu e o mundo, disfunção patológica em vias de se tornar paradigma normativo da subjetividade contemporânea. Aparecendo na primeira infância, o narcisismo funcionaria primeiramente como uma defesa contra a angústia da separação. Os sentimentos de dependência impotente experimentados pela criança com relação à mãe seriam combatidos por meio de um "otimismo cego" e de ilusões grandiosas de autossuficiência. Para Lasch, a sociedade moderna "favorece o desenvolvimento de modos narcísicos atenuados em pessoas que, em outras circunstâncias, teriam talvez aceitado os limites inevitáveis de sua liberdade e de seu poder pessoal — limites inerentes à condição humana", que, contraditoriamente, "torna cada vez mais difícil encontrar satisfação no amor e no trabalho, mas cerca o indivíduo de fantasias pré-fabricadas de satisfação total".[27]

Não é difícil perceber o quanto a sociedade do espetáculo e a cultura do nar-

---

[26] Christopher Lasch, *The culture of Narcissism: American life in an age of diminishing expectation* [A cultura do narcisismo: a vida americana em uma era de expectativas frustradas]. Nova York: Warner, 1979.

[27] *Idem*, p. 231.

cisismo se entrelaçam. A satisfação plena é prometida pelo consumo de imagens que parece descartar qualquer instância mediadora entre o eu e o mundo. A instância mediadora é o próprio espetáculo — que, todavia, não se revela enquanto tal. Mais do que isso, vale sublinhar essa função compensadora do narcisismo enquanto ilusão de grandeza que oculta o sentimento de dependência impotente. Em uma sociedade na qual mesmo a pura e simples sobrevivência não pode ser obtida sem a mediação do mercado, o espetáculo, enquanto configuração ideológica dessa sociedade, oferece compensatoriamente a ilusão da onipotência, da autossuficiência pessoal ao alcance de um clique. O terrorista apenas troca o clique do mouse pelo clique do gatilho, e opta por uma restituição ilusória de potência que não se dá mais pelo consumo, mas pela destruição.

Assim, se ao falar do terrorismo Kurz havia adiantado a ideia de uma "pulsão de morte do capitalismo", poderíamos propor aqui uma reformulação dessa ideia. O que encontramos no terrorismo atual é *a satisfação da pulsão de morte na fase espetacular do capitalismo*. Afinal, o terrorista e o atirador louco — hoje seríamos tentados a dizer o atropelador louco — revelam as duas vertentes da pulsão de morte, definida por Freud. Essa pode se manifestar como uma agressão contra o outro, mas é antes de tudo uma agressão contra o eu. Trata-se, mais uma vez, de uma falha na formação do eu, que resiste à separação com o mundo — e, aqui, pulsão de morte e narcisismo se cruzam. Da experiência dolorosa do mundo advém a vontade de retorno ao estado primordial da indiferenciação. O espetáculo parece, nesse sentido, particularmente destinado a satisfazer demandas narcísicas e mortíferas, não propriamente por conta dos conteúdos violentos que veicula, mas, sobretudo, porque possibilita o repouso dos estímulos dolorosos que afligem o eu e o tornam desejoso de um retorno à inércia da indiferenciação original. Por mais intensos que possam parecer seus estímulos, esses se reduzem ao olhar, mantendo o corpo em repouso. Por mais violentos que sejam seus conteúdos, a representação mantém essa violência à distância.

Esse afastamento da imagem espetacular, o afastamento do vivido na representação, é fundamental. Ele permite que o espetáculo satisfaça duplamente a pulsão de morte. A violência dos conteúdos satisfaz imaginariamente a vontade de agressão contra o outro, pulsão de morte voltada ao exterior — o que se torna ainda mais verdadeiro com o espetáculo interativo dos videogames e afins —, enquanto a distância segura da representação, que protege o corpo da dor real e o mantém em repouso, satisfaz em parte a demanda de retorno ao estado narcísico, o chamado "princípio do Nirvana", que caracteriza a pulsão de morte em sua manifestação contra o eu.

É importante nunca perder de vista a base material desse processo, que antecede qualquer inovação tecnológica, sob o risco de inverter o nexo entre causas e efeitos. Se o indivíduo se encontra melhor situado na abstração da imagem do que na concretude da experiência, isso é porque sua experiência já foi esvaziada por um trabalho destinado à produção de uma abstração. Como vimos no início, o capitalismo pode ser compreendido como uma forma de produção material que visa, acima de tudo, o acúmulo de uma abstração: o valor, cuja representação prosaica é o dinheiro. Esse domínio do abstrato sobre o concreto, lógica estruturante da sociedade capitalista, é desdobrado no espetáculo, cujas imagens são uma extensão do predomínio da abstração. As consequências subjetivas dessa abstratificação crescente não são menores, como revela a persistência de subjetividades narcísicas incapazes de reconhecer os limites do mundo objetivo.[28] Mas poderíamos propor também que a abstratificação do mundo faz do espetáculo — ou seja, da representação autonomizada — o lugar privilegiado de (pseudo)reconhecimento do sujeito, de uma subjetividade que só se reconhece na abstração da imagem.

Compreendida no quadro de uma subjetividade que se concebe como imagem e que não pode reconhecer o outro, a disposição ao aniquilamento alheio e à autodestruição física perde parte de sua estranheza. Além disso, a busca da autorrealização se dá pela mediação de uma glória igualmente abstrata, um puro aparecer sem qualidades. Fazer parte desse mundo suprassensível é a compensação sonhada para a pobreza da experiência real.

[28] A relação entre sociedade do valor e sujeito narcísico é explorada mais detidamente no último livro de Anselm Jappe, recentemente publicado na França, *La société autophage : capitalisme, démesure et autodestruction* [A sociedade autófaga: capitalismo, excesso e autodestruição], Paris: La Découverte, 2017. O presente ensaio apresenta diversos pontos em comum com essa obra, cuja preparação pudemos acompanhar antes de sua publicação.

Para efeitos comparativos, recordemos o sequestro do ônibus 174, ocorrido no Rio de Janeiro em junho de 2000, que é disso um ótimo exemplo. Sobrevivente da chacina da Candelária quando criança, aos 40 anos Sandro Barbosa do Nascimento sequestrou um ônibus sem ter nenhuma demanda. Seu único objetivo parece ter sido o de produzir um evento midiático que o permitisse existir enquanto imagem.[29] Crescido como ser invisível aos olhos da sociedade, seu objetivo era o de se fazer ver. Para tanto, montou uma verdadeira encenação, um sequestro sem propósitos e com falsas ameaças. Alguma barreira parece ainda ter-lhe impedido de apertar o gatilho,[30] o que não ocorre nos casos de atiradores loucos que, motivados por delírios de grandeza, tentam fazer-se notar ao preço da morte de transeuntes.

Os casos atuais de terrorismo encontram-se no esteio de eventos como esses, ou dos já mencionados *school shootings*, frequentes desde os anos 1990. A violência cega aparece como meio para a fama. A particularidade do terrorismo atual é que existe já

[29] Objetivo aparentemente alcançado, não apenas na cobertura midiática do dia, mas também na realização de dois filmes sobre os eventos: um documentário de José Padilha (*Ônibus 174*, de 2002) e uma ficção de Bruno Barreto (*Última parada 174*, de 2008).

[30] É importante lembrar que houve uma vítima fatal do sequestro, Geisa Firmo Gonçalves, que foi usada como escudo humano por Sandro em sua tentativa de fuga. A refém foi morta por um disparo à queima-roupa da polícia, que visava atingir o sequestrador, mas alvejou a mulher. Detido com vida e sem ferimentos, Sandro foi morto por agentes do Estado dentro da viatura. Contudo, o próprio fato de que tenha tentado escapar com vida o diferencia dos casos de violência cega, que tendem a se encerrar com o suicídio do agressor.

um conjunto simbólico que dá sentido ao ato — e que oferece a certeza de seu sucesso espetacular. A *jihad* oferece o contexto cultural para uma forma de loucura que encontra sua partilha social no âmbito pseudocomunitário do espetáculo. Aqui, a própria pulsão de morte é socialmente integrada. As propensões à destruição do outro e à destruição de si não são vistas como indícios patológicos, mas como qualidades que moldam o guerreiro e o mártir.

De acordo com Erich Fromm, "a cultura oferece modelos que [nos] permitem *viver com um defeito sem se tornar doente*. É como se a cultura fornecesse o remédio contra a exteriorização de sintomas neuróticos manifestos resultantes do efeito por ela produzido".[31] É a isso que o autor chama de "*defeitos socialmente modelados*". Se um defeito foi socialmente modelado, isso quer dizer que "foi considerado particularmente valioso, sendo o indivíduo, assim, protegido da neurose que adquiriria em uma cultura em que o mesmo defeito lhe desse a sensação de inadequação e isolamento profundos".[32]

Não é difícil perceber o quanto o egoísmo, em princípio contraditório com o estabelecimento de elos sociais, não é sentido como defeito em uma sociedade baseada na concorrência, e que tem por modelo o mito do *self-made man*. Ou ainda, retomando o diagnóstico de Lasch, podemos reconhecer que o narcisismo passou de patologia a defeito socialmente modelado na cultura contemporânea — tornando-se tanto mais socialmente aceito com o avanço das tecnologias espetaculares e com a socialização por redes virtuais. Mas os mesmos

[31] Fromm, *op. cit.*, p. 30.
[32] *Idem*, p. 29.

modelos fornecidos por uma dada cultura podem se mostrar eficazes para a maioria e inoperantes para uma minoria, revelando sua face patológica. "Um exemplo está na pessoa cujo anelo é conquistar poder e fama", escreve Fromm. "Conquanto esse desejo seja, em si, patológico, há, não obstante, uma diferença entre a pessoa que usa as suas energias para alcançar realisticamente o seu objetivo e a pessoa mais seriamente doente que ainda tenha emergido tão pouco de sua grandiosidade infantil que nada faz para a realização do seu desejo, ficando à espera de um milagre, e, sentindo-se, assim, cada vez mais impotente, termina por adquirir a sensação de futilidade e amargor."[33]

O que aconteceria se a essas pessoas fosse oferecida uma saída? O gesto terrorista pode ser esse milagre tão esperado. Em um único ato o indivíduo se vê restituído de sua potência e supera sua futilidade. Sente-se forte ao impor o medo, e antevê a fama de seus atos — glorioso mártir para uns, temível inimigo para outros.

Mas a compreensão desse fenômeno não é possível sem uma compreensão da dinâmica espetacular da sociedade contemporânea. É pela mediação da imagem que os sujeitos contemporâneos encontram seus modelos, e é enquanto imagem que eles querem sê-los. De outro modo não seria possível compreender a racionalidade do terrorista, que na busca da fama repentina oferece a própria vida.

Se a *jihad* marca, como propõe Jacob Rogozinski, o "retorno do sacrifício" sob a forma do "autossacrifício",[34] sem a uni-

[33] *Idem*, p. 31.
[34] Jacob Rogozinski, *op.cit.*, p. 224.

ficação social realizada pelo espetáculo esse autossacrifício seria desprovido de sentido. Se há de fato autossacrifício na *jihad*, este é ainda um sacrifício espetacular. A sobrevivência no campo da representação se paga com a destruição no campo da experiência. Sacrifica-se a vida, para ascender ao céu terreno das imagens.

↓ Vista aérea de Paris.

Sobre o autor

GABRIEL FERREIRA ZACARIAS é professor de História da Arte na Universidade Estadual de Campinas (Unicamp). Na França, passou pela École des Hautes Études en Sciences Sociales e pelas universidades de Perpignan, Estrasburgo e Paris X. É especialista na obra de Guy Debord, e faz parte do conselho editorial da revista *Marges: revue d'art contemporain*. Suas pesquisas atuais contam com o apoio da Fundação de Amparo à Pesquisa do Estado de São Paulo (Fapesp).

NO ESPELHO DO TERROR

R$ 30,00

[cc] Editora Elefante, 2018
[cc] Gabriel Ferreira Zacarias, 2018

Primeira edição, agosto de 2018
São Paulo, Brasil

Você tem a liberdade de compartilhar, copiar, distribuir e transmitir esta obra, desde que cite as autorias e não faça uso comercial.

Dados Internacionais de Catalogação na Publicação (CIP)
Angélica Ilacqua CRB-8/7057

Zacarias, Gabriel Ferreira
  No espelho do terror: jihad e espetáculo / Gabriel Ferreira Zacarias. — São Paulo: Elefante, 2018.
    64 pp.

ISBN 978-85-93115-17-2

1. Terrorismo – aspectos sociais 2. Sociologia 3. Jihad
4. Sociedade – Violência I. Título

18-1740   CDD 363.325

Índices para catálogo sistemático:
1. Terrorismo – aspectos sociais

EDITORA ELEFANTE
editoraelefante.com.br
editoraelefante@gmail.com
fb.com/editoraelefante
@editoraelefante

FONTES Bluu Suuperstar e More Pro
PAPÉIS Cartão 250 g/m² & Luxcream 90 g/m²
IMPRESSÃO Mark Press
TIRAGEM 1.000 exemplares